우리 아들
바른 글씨

우리 아들 바른 글씨

펴낸날 초판 1쇄 2025년 12월 3일

지음 박재찬 | **그림** 구슬기
편집 이정아 | **디자인** 이건화 | **홍보마케팅** 이귀애 이민정 | **관리** 최지은 강민정
펴낸이 최진 | **펴낸곳** 천개의바람 | **등록** 제406-2011-000013호 | **주소** 서울시 영등포구 양평로 157, 1406호
전화 02-6953-5243(영업), 070-4837-0995(편집) | **팩스** 031-622-9413

ⓒ박재찬, 2025 | ISBN 979-11-6573-711-5 73640

* 이 책은 저작권법에 따라 보호받는 저작물이므로 무단전재와 무단복제를 금지하며,
  이 책 내용의 전부 또는 일부를 이용하려면 반드시 저작권자와 천개의바람의 서면 동의를 받아야 합니다.

* 잘못 만든 책은 구입하신 서점에서 바꾸어 드립니다. 천개의바람은 환경을 위해 콩기름 잉크를 사용합니다.
* 종이에 베이거나 긁히지 않도록 조심하세요. 책 모서리가 날카로우니 던지거나 떨어뜨리지 마세요.

제조자 천개의바람 **제조국** 대한민국 **사용연령** 7세 이상

우리 아들 바른 글씨

박재찬 지음 구슬기 그림

천개의바람

어린이 친구들에게

안녕!

이 책을 펼친 너는 이제 글씨 왕국을 구할 영웅 바르미의 든든한 친구야.

혹시 글씨 쓰기가 좀 어렵다고 느낀 적 있니? 처음엔 잘 써 보려고 마음먹었는데, 연필이 마음처럼 움직이지 않아서 삐뚤삐뚤해질 때가 있지? 그럴 때마다 혹시 이런 생각을 하지는 않았니?

'나는 글씨를 바르게 쓰는 건 자신이 없어.'

하지만 괜찮아. 정말 괜찮아. 그건 너만 그런 게 아니야. 많은 친구가 글씨를 바르게 쓰는 걸 어려워해. 특히 남자 친구들은 손힘이 세서 연필이 잘 미끄러지고, 빨리 쓰고 싶은 마음이 앞서서 금세 글씨가 삐뚤어지기도 하지. 그건 잘못된 게 아니야. 그만큼 네가 에너지가 많고, 움직이는 걸 좋아한다는 뜻이니까.

이 책은 이런 너를 위해 만들어졌어.
"글씨를 바르게 써야 해!"
이런 잔소리를 하기보다, '재미있게 모험하며 글씨를 배우자'는 마음으로 만들었지!
이 책에는 재미있는 이야기가 가득해.

'글씨 왕국'을 구하기 위해 바르미와 함께 직선을 긋고, 자음을 쓰고, 마법 아이템을 모으는 미션들이 기다리고 있거든. 때로는 대마왕의 함정에 빠질 수도 있고, 때로는 새로운 아이템을 얻어서 더 강해지기도 할 거야.

하루하루 미션을 깨다 보면 어느새 네 글씨가 조금씩 반듯해지고, 손힘도 자연스럽게 조절되면서 글씨 쓰는 시간이 점점 즐거워질 거야. 이게 바로 진짜 마법이지!!

이 책을 다 마쳤을 때쯤이면 너는 글씨를 더 예쁘게 쓰게 될 뿐 아니라, 스스로에게 자신 있게 말할 수 있을 거야.

"내가 해냈어! 나는 이제 글씨를 바르게 쓸 수 있어!"

자, 준비됐지? 이제 바르미와 함께 글씨 왕국을 구하러 떠나자!

부모님에게

아이의 공책을 펼쳤을 때, 삐뚤빼뚤한 글씨가 한가득일 때가 있죠.

"글씨 좀 반듯하게 써라."
"조금만 더 천천히 써 봐."
아이에게 이렇게 말할 때면 마음 한편이 불편하셨을 거예요. 이 책은 바로 부모님의 그 마음에서 출발했습니다.

이 책은 단순히 글씨를 잘 쓰게 하는 '훈련용 교재'가 아닙니다.
아이의 마음을 먼저 다독이고, 글씨를 통해 자신감을 회복하게 하는 성장형 워크북입니다.

==많은 남자아이가 글씨 쓰기를 힘들어합니다. 가만히 앉아 있는 시간이 짧고, 손에 힘이 많고, 머릿속은 아이디어로 가득해서 금세 다음 생각으로 넘어가 버리죠. 그래서 글씨는 늘 급해지고, 모양이 흐트러지기 쉽습니다.==

하지만 아이가 게으르거나 불성실해서 그런 게 아닙니다. 단지 자신의 속도와 방법에 맞게 배우지 못했을 뿐이지요. 이 책은 바로 그 점에 주목했습니다. '훈련'이나 '교정' 대신, '모험'과 '이야기'를 통해 배우는 방식으로 설계했습니다.

아이들은 이야기를 좋아합니다. '글씨 왕국'이라는 판타지 세계 속에서 주인공 바르미와 함께 미션을 수행하고, '마법 아이템'을 얻으며, '대마왕'을 물리치는 동안 아이들은 자연스럽게 글씨를 또박또박 써 내려갑니다.

글씨를 바르게 쓴다는 것은 단순히 모양을 반듯하게 만드는 일이 아닙니다. 생각을 정리하고, 마음을 담는 연습입니다. 한 글자 한 글자 써 내려가며 아이는 자신의 속도대로 세상을 바라보고, '기다림'과 '집중'의 가치를 배워 갑니다.
이 책은 글씨 연습을 넘어, 아이의 마음이 곧게 자라는 시간이 되길 바라는 마음으로 만들었습니다.

-우리 아들들이 바른 글씨를 쓰는 그날까지!-
박재찬(달리쌤)

어떻게 활용할까?

 ❶ 매일매일 조금씩 써 봐요.

이 책에 나오는 바르미와 필이가 흥미로운 모험의 세계로 안내할 거예요.
친구와 함께 재미있는 탐험을 하면서 글씨를 쓸 수 있어요.

 ❷ 게임 미션을 수행하며 성취감을 느끼면서 써 봐요.

바르미, 필이와 함께 글씨 왕국을 위험에서 구해 볼까요?
바르게 글씨를 쓰면서 미션에 성공할 때마다 글씨 실력이 쑥쑥 성장하는 걸 느낄 수 있어요.

❸ 포기하지 않고 끝까지 써 봐요.

미션에 성공하면 마법 아이템을 얻을 수 있어요.
흥미로운 기능을 가진 아이템을 획득하기 위해 끝까지 포기하지 않고
바르게 글씨를 쓸 수 있어요.

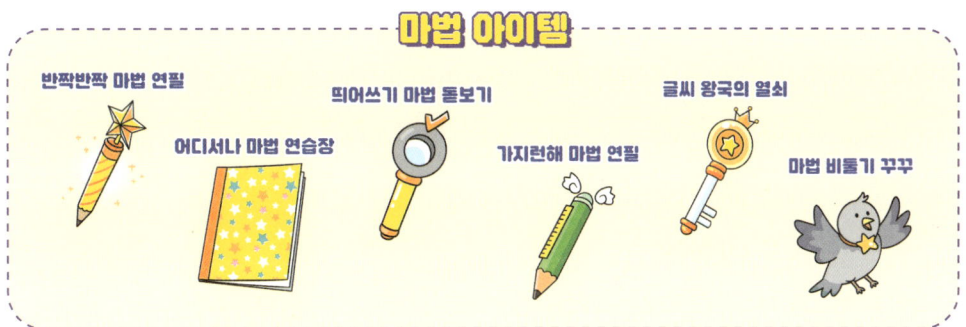

 ❹ 부록으로 더욱 실력을 다지면서 써 봐요.

멋진 문장이 가득한 동화책을 따라 쓰면서 마음도 바르게
글씨도 바르게 쓸 수 있어요.

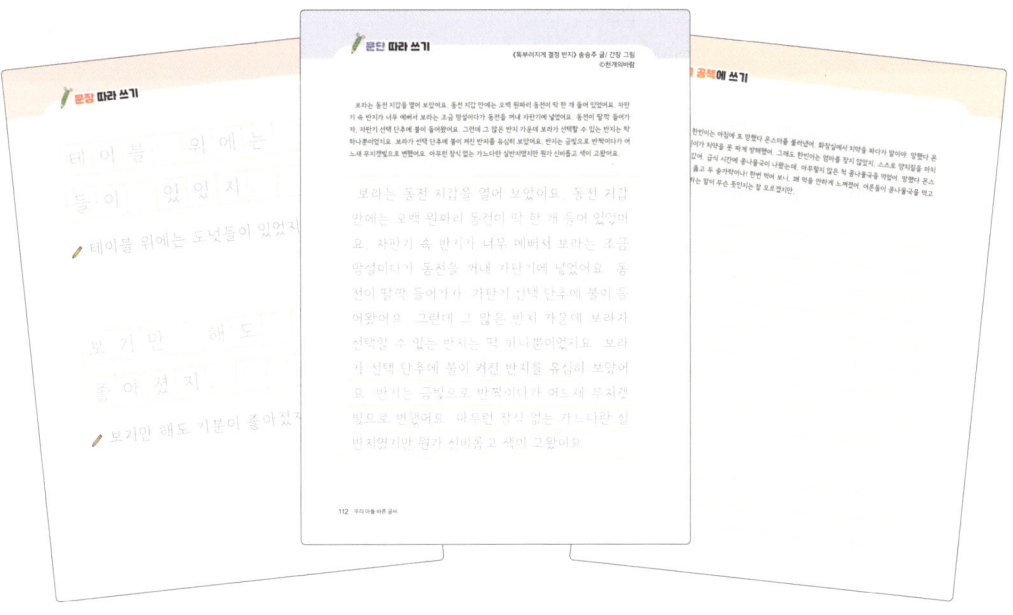

차례

1일	글씨 왕국이 위험에 빠졌다!	**미션** 바른 자세로 연필 잡기	12쪽	월	일
2일	기본 능력부터 키워라	**미션** 선을 정확하게 그리기	16쪽	월	일
3일	상자를 열어 반짝반짝 마법 연필을 가져라	**미션** 자음을 바르게 쓰기	20쪽	월	일
4일	어디서나 마법 연습장을 손에 넣어라	**미션** 모음을 바르게 쓰기	26쪽	월	일
5일	시험지를 풀어 암호를 알아내라	**미션** 자음과 모음을 합쳐 단어 쓰기	32쪽	월	일
6일	어서 와, 지옥 훈련은 처음이지?	**미션** 받침 없는 단어 쓰기	36쪽	월	일
7일	지옥 훈련을 견뎌라!	**미션** 받침 있는 단어 쓰기	40쪽	월	일
8일	동굴을 무사히 탈출하라!	**미션** 겹받침 단어 쓰기	44쪽	월	일
9일	흩어진 쇳조각을 완성하라	**미션** 문장 따라 쓰기	48쪽	월	일
10일	방패를 고쳐 화살 비를 막아라	**미션** 문장 부호와 띄어쓰기	52쪽	월	일

11일	알파벳 암호를 완성하라	미션 알파벳 바르게 쓰기	56쪽	월	일
12일	미로 공원을 탈출하는 지도를 얻어라	미션 숫자와 기호 바르게 쓰기	60쪽	월	일
13일	글씨 왕국의 역사를 따라 써라	미션 긴 문장 따라 쓰기	64쪽	월	일
14일	대마왕에게 보낼 도전장을 완성하라	미션 한 문단 따라 쓰기	68쪽	월	일
15일	도서관에서 특별 아이템을 얻어라	미션 문장 고쳐쓰기	72쪽	월	일
16일	몬스터 집사가 낸 미션을 통과하라	미션 일기 따라 쓰기	76쪽	월	일
17일	빛나는 연필로 도움을 요청하라	미션 편지 따라 쓰기	80쪽	월	일
18일	대마왕이 만든 함정에서 탈출하라	미션 글씨 명언 쓰기	84쪽	월	일
19일	의지를 밝히고 대마왕을 마주하라	미션 의지 문장 따라 쓰기	88쪽	월	일
20일	최종 결투! 대마왕의 질문에 답하라	미션 나의 다짐 완성하기	92쪽	월	일

1일

글씨 왕국이 위험에 빠졌다!

미션 바른 자세로 연필 잡기

미션 1 바르게 앉기

바르미와 함께 글씨를 바르게 써서 대마왕을 물리쳐 볼까?
글씨를 바르게 쓰려면, 먼저 바른 자세로 앉아야 해.

다음에서 바른 자세에는 O표, 바르지 않은 자세에는 X표를 해 봐.

1

허리를 반듯하게 펴고, 엉덩이를 의자 안쪽으로 넣어 앉기.

허리를 구부리고, 엉덩이를 의자 바깥으로 걸쳐서 앉기.

2

한 손으로 연필을 잡고, 다른 손으로 책이 흔들리지 않게 누르기.

양손으로 연필을 잡고, 팔꿈치로 책을 힘껏 누르기.

3

다리를 꼬고 두 발이 공중에 떠 있게 앉기.

다리는 꼬지 않고, 두 발이 바닥에 닿게 앉기.

4

몸과 책상 사이를 최대한 멀리 떨어져 앉기.

몸과 책상 사이에 귤 하나가 들어갈 정도만 떨어져 앉기.

미션 2 연필 바르게 잡기 ①

글씨를 바르게 쓰려면 연필도 바르게 잡아야 해.
연필은 어떻게 바르게 잡느냐고? 내가 알려 줄게.

 다음을 소리 내어 읽으면서 따라 해 봐.

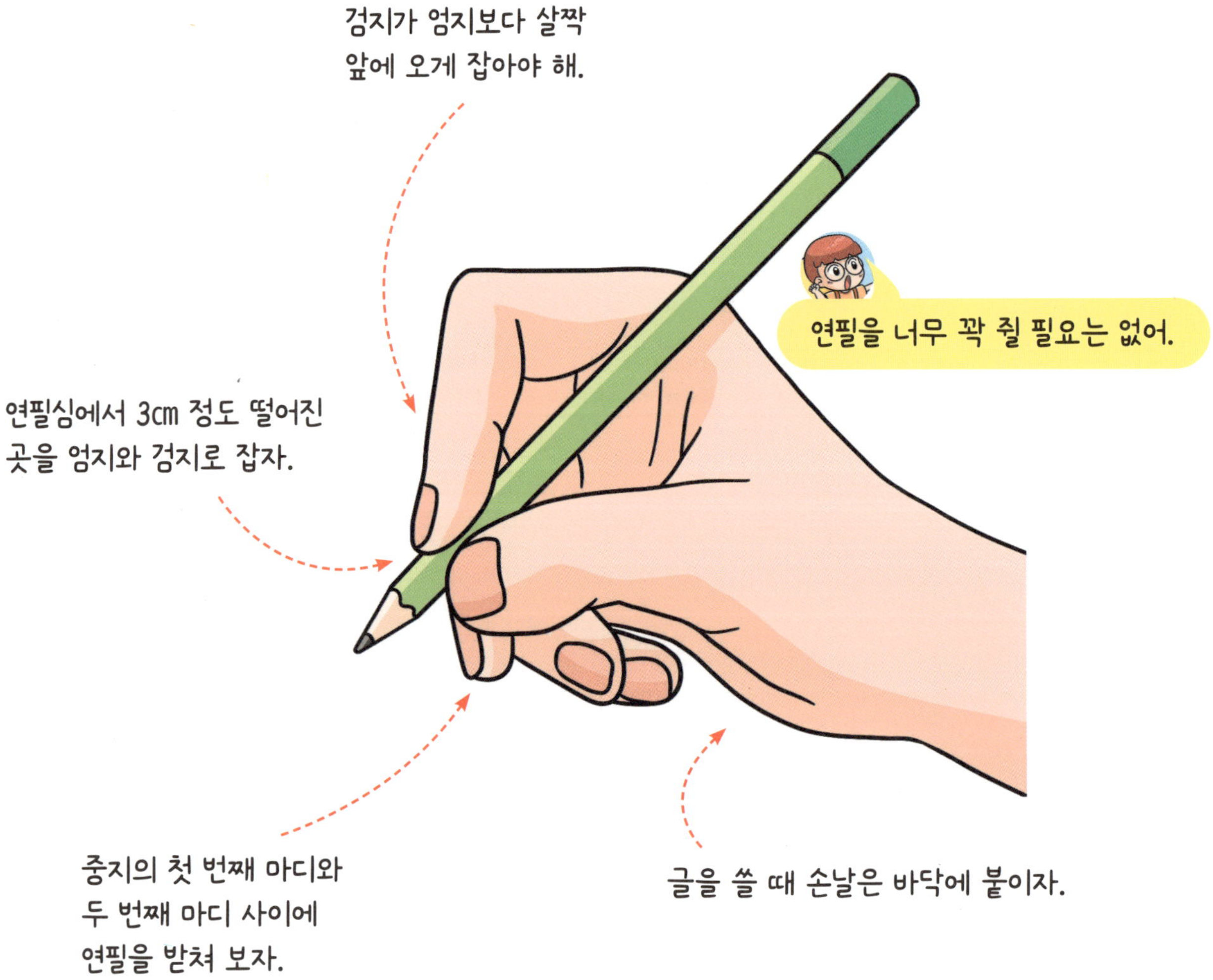

검지가 엄지보다 살짝 앞에 오게 잡아야 해.

연필을 너무 꽉 쥘 필요는 없어.

연필심에서 3cm 정도 떨어진 곳을 엄지와 검지로 잡자.

중지의 첫 번째 마디와 두 번째 마디 사이에 연필을 받쳐 보자.

글을 쓸 때 손날은 바닥에 붙이자.

미션 3 연필 바르게 잡기 ❷

연필을 바르게 잡는 방법을 잘 알겠지?
그래도 여전히 헷갈린다고? 그럼, 다시 확인해 보자.

다음 그림을 보고, 무엇이 잘못되었는지 확인하면서 ☑체크해 봐.

☐ 검지 사이에 엄지가 들어가면 안 돼.

☐ 중지가 연필을 받쳐 주지 않으면 안 돼.

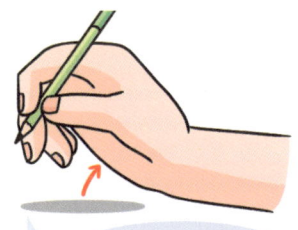
☐ 손날을 바닥에서 띄우면 안 돼.

☐ 연필심에서 너무 많이 떨어져서 잡으면 안 돼.

☐ 연필심에서 너무 가까이 잡아도 안 돼.

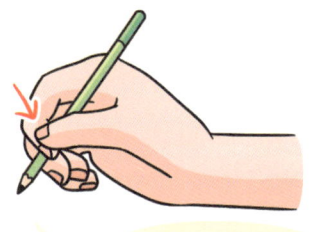
☐ 엄지가 검지를 덮으면 안 돼.

2일

기본 능력부터 키워라

 **미션** 선을 정확하게 그리기

미션 1 직선 긋기 ①

바르미와 함께 선을 곧게 그려 볼까?
먼저 바른 자세로 앉고, 연필을 바르게
잡아야 한다는 거 기억하지?

 다음 선을 천천히 따라 그려 봐.

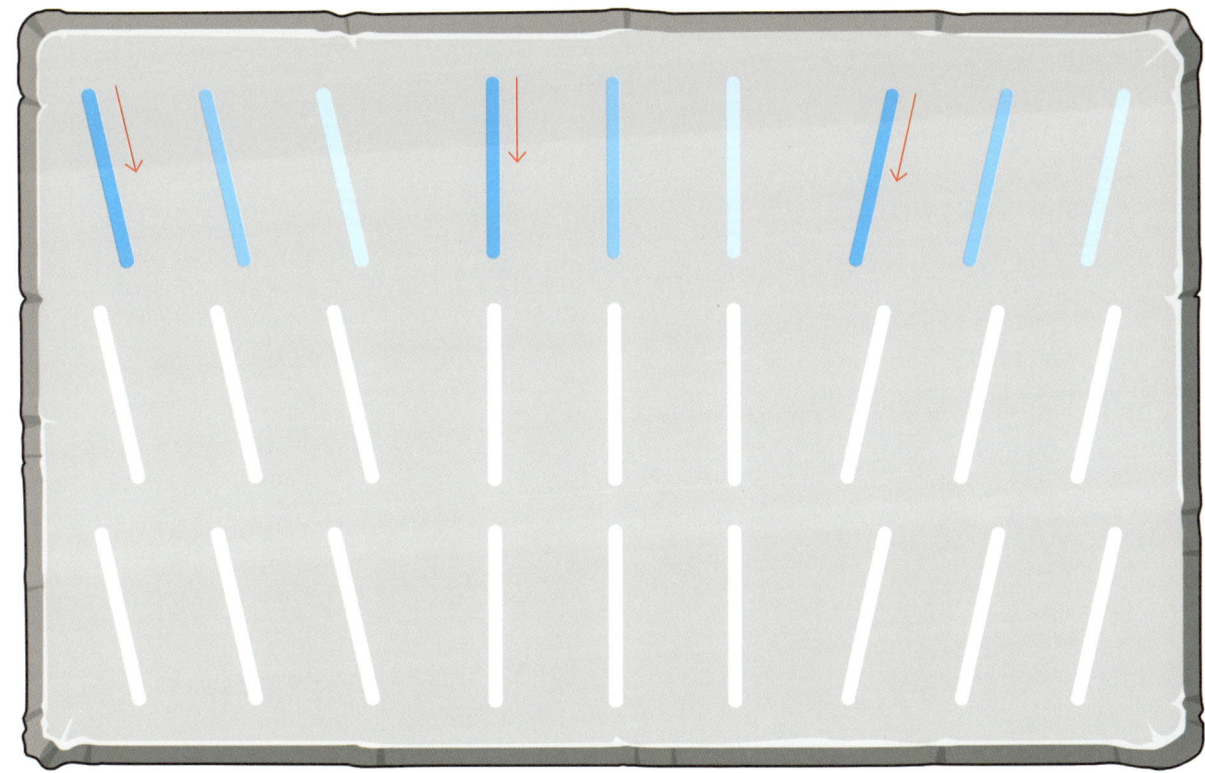

미션 2 직선 긋기 ❷

그럼 이제 직선을 이용해 다양한 모양의 도형을 그려 볼까?

 다음 선을 천천히 **따라 그려** 봐.

미션 3 곡선 긋기

이쯤이면 직선 긋기는 매우 훌륭해!
그럼, 이제 곡선 긋기를 해 보자.

 다음 곡선을 **따라 그려** 봐.

3일

상자를 열어 반짝반짝 마법 연필을 가져라

미션 자음을 바르게 쓰기

미션 1 자음 쓰기

상자에는 뭐가 있을까 궁금하지?
그럼, 바르미와 함께 자음을 바르게 써 볼까?
먼저 자음을 바르게 쓰는 방법을 알려 줄게!

하나,
선을 쓰는 순서를 지키자!

자음을 쓸 때는 선을 쓰는 순서를 지켜야 해. 순서를 지키면 글씨가 더 예뻐져.

둘,
선은 곧고 바르게 긋자!

자음을 쓸 땐 선을 곧고 바르게 그려야 해. 삐뚤어지면 글씨가 엉망이 될 수 있어.

셋,
글씨 크기를 맞추자!

글씨 크기가 일정해야 보기 좋아. 크기를 비슷하게 써야 해.

 다음 자음을 올바른 순서로 **따라 써** 봐.

기역

니은

 다음 쌍자음도 따라 써 봐.

ㄲ ㄲ ㄲ
쌍기역

ㄸ ㄸ ㄸ
쌍디귿

ㅃ ㅃ ㅃ
쌍비읍

ㅆ ㅆ ㅆ
쌍시옷

ㅉ ㅉ ㅉ
쌍지읒

4일

어디서나 마법 연습장을 손에 넣어라

 **미션** 모음을 바르게 쓰기

미션 1 모음 쓰기

연습장이 갖고 싶니?
그럼 모음을 바르게 써 보자.
내가 모음을 바르게 쓰는 방법을 알려 줄게!

하나, 모음 쓰기 순서를 지키자!

모음을 쓸 때도 선을 쓰는 순서가 중요해. 세로선과 가로선을 쓰는 순서를 잘 지켜야 해.

둘, 모음의 크기를 맞추자!

모음을 쓸 때도 크기가 일정해야 글씨가 잘 보이고 읽기 쉬워. 모음들을 일정한 크기로 쓸 수 있어야 해.

 다음 모음을 올바른 순서로 **따라 써 봐.**

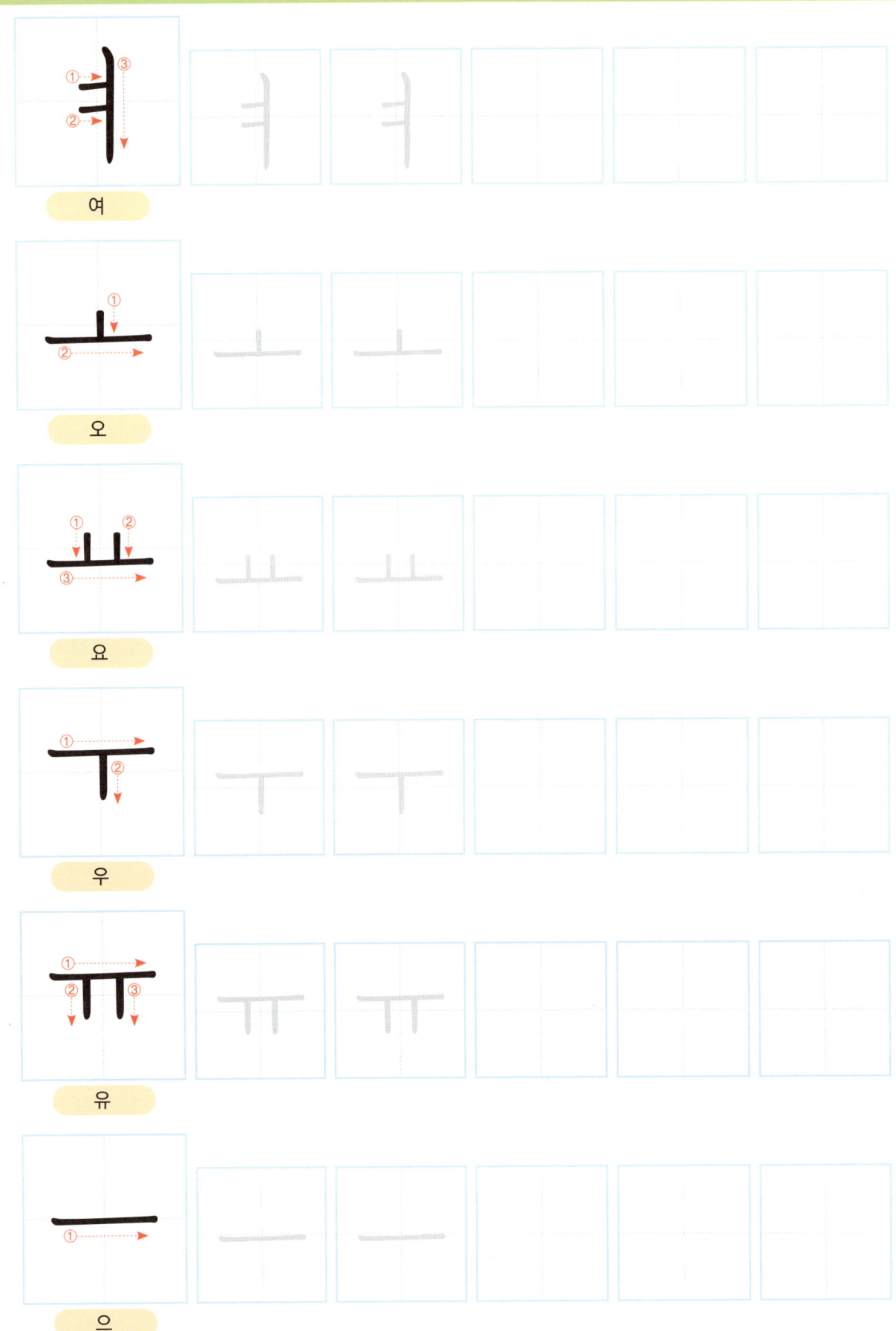

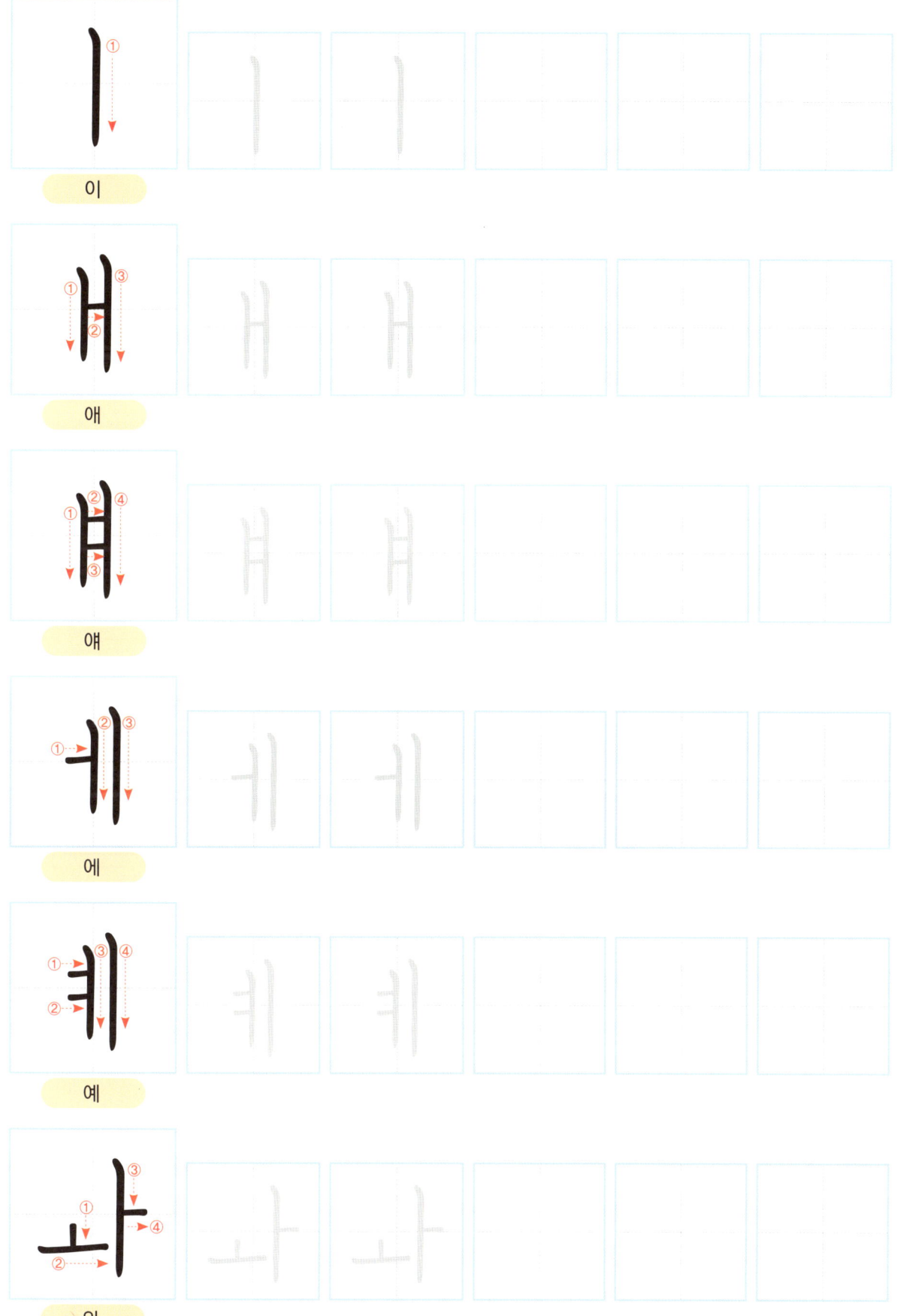

미션 2 올바른 순서로 모음 쓰기

모음을 쓸 때는 선의 순서가 중요해!
순서를 잘 지켜야 글씨를 정확하게
또박또박 예쁘게 쓸 수 있어!

순서를 지키며 다음 모음을 써 보자.

세로선 먼저, 그다음 가로선
ㅏ ㅏ ㅏ

가로선 먼저, 그다음 세로선
ㅓ ㅓ ㅓ

세로선 먼저, 그다음 가로선
ㅗ ㅗ ㅗ

가로선 먼저, 그다음 세로선
ㅜ ㅜ ㅜ

마법 아이템
어디서나 마법 연습장

축하해!
어디서나 마법 연습장을
손에 넣었네!

갑작스럽게 글씨를 써야 할 때
어디서든 사용할 수 있다.

5일

시험지를 풀어 암호를 알아내라

미션 자음과 모음을 합쳐 단어 쓰기

미션 1 자음과 모음을 합쳐서 받침 없는 한 글자 단어 만들기

첫 번째 자물쇠 암호는 숫자야.
힌트는 자음과 모음을 합쳐서 단어를 완성하면 돼.

다음에 들어갈 한 글자 단어를 맞혀 봐.

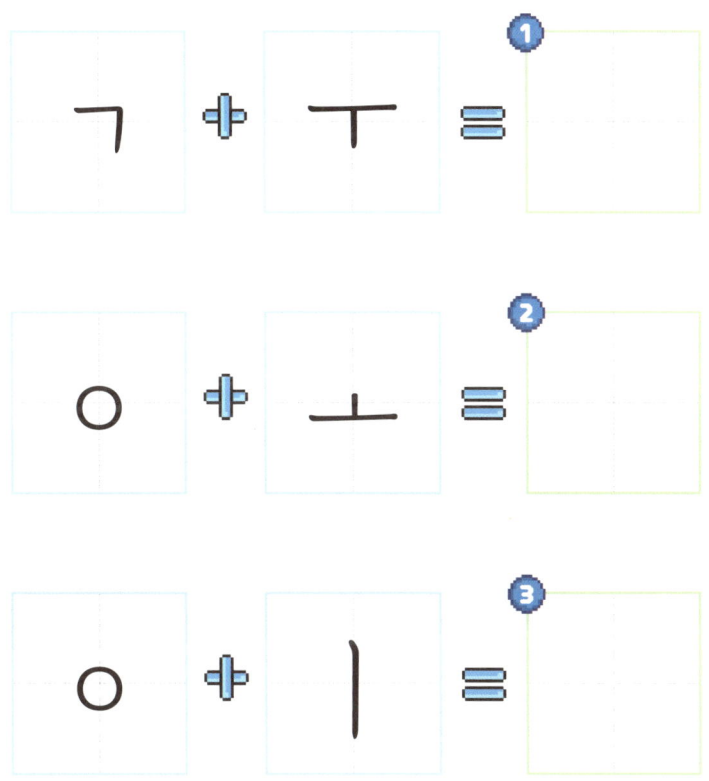

위에 나온 단어를 숫자로 쓴 다음, 연산식을 풀어서 암호를 맞혀 봐.

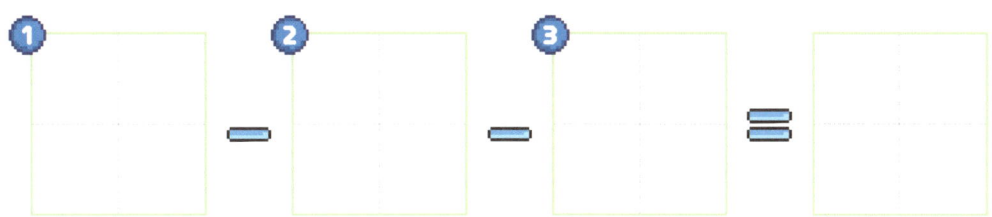

미션 2 자음과 모음을 합쳐서 받침 없는 두 글자 단어 만들기

두 번째 자물쇠 암호는 문장이야. 문장에 들어갈 단어를 맞히면 돼.
이번에도 자음과 모음을 합쳐서 단어를 완성해 보자.

다음에 들어갈 두 글자 단어를 맞혀 봐.

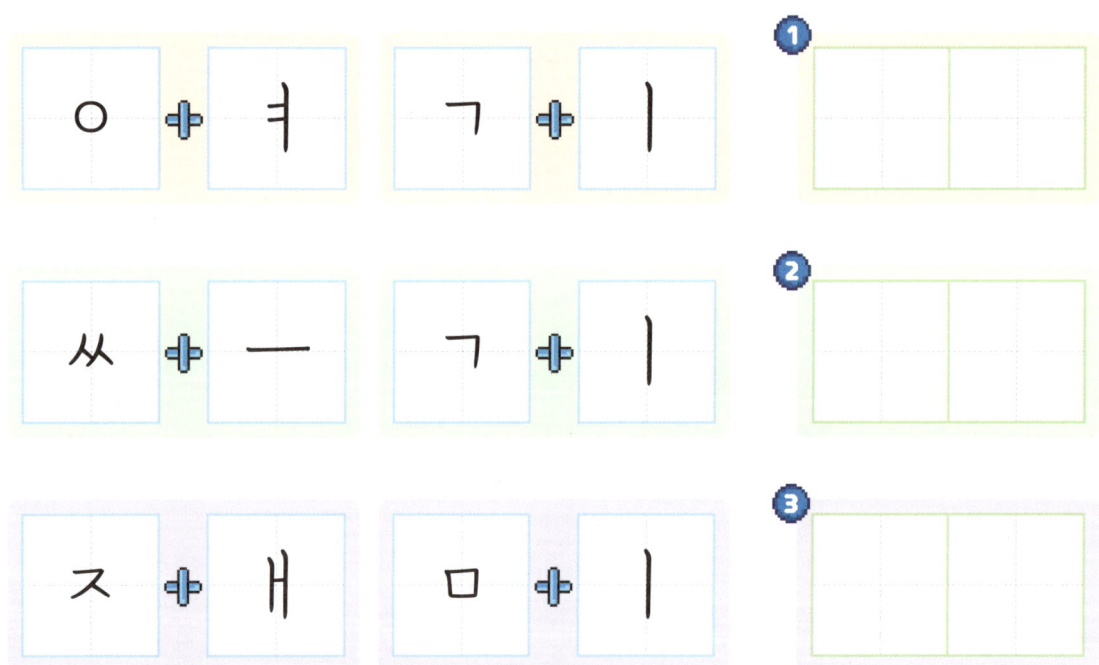

위에 나온 단어를 넣어서 문장을 완성해 봐.

① ___ 들어오면 글씨
② ___ 가 ③ ___ 있을걸?

미션 3 자음이나 모음을 넣어 받침 없는 두 글자 단어 완성하기

자, 이제 마지막 자물쇠가 남았어! 이번 암호도 문장이야. 힌트는 자음이나 모음을 넣어서 단어를 완성하면 돼.

다음 빈칸에 들어갈 자음이나 모음을 보기에서 찾아 단어를 완성해 봐.

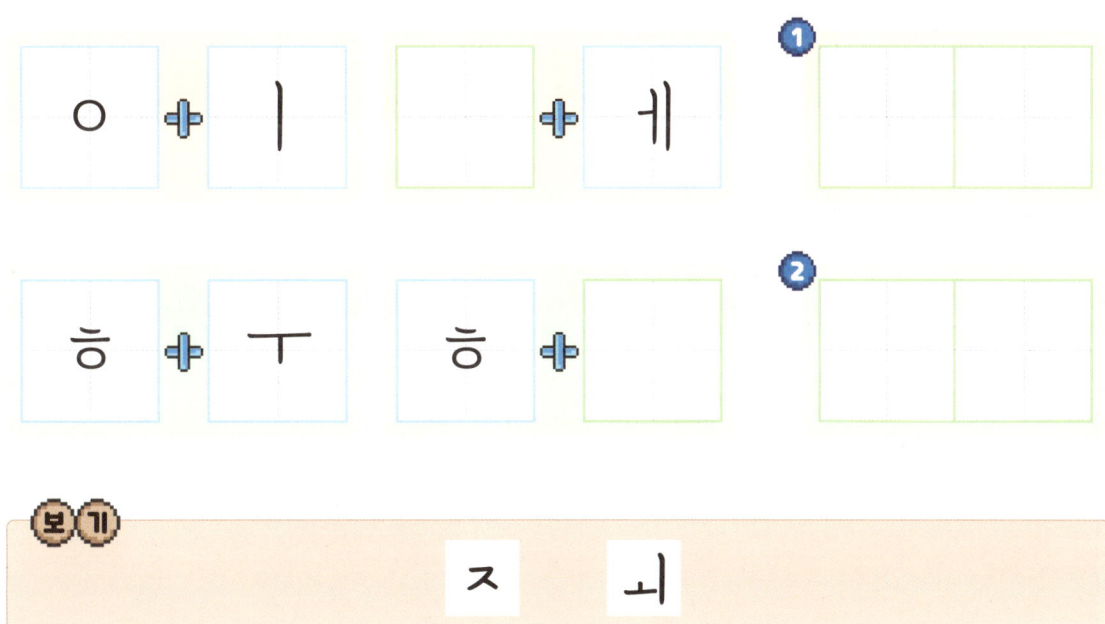

보기 ㅈ ㅚ

위에 나온 단어를 넣어서 문장을 완성해 봐.

① 　　　 동굴에 들어오면
② 　　　 해도 늦었어.

6일

어서 와, 지옥 훈련은 처음이지?

미션 받침 없는 단어 쓰기

미션 1 받침 없는 두 글자 단어 쓰기

동굴에 들어온 이상 다시 나갈 수 없어.
이 조교님을 믿고 지옥 훈련을 무사히 마쳐 보자고!
자, 시작해 볼까?

다음 받침 없는 두 글자 단어를 따라 써 봐.

① 모 자 모 자 모 자

② 조 교 조 교 조 교

③ 소 리 소 리 소 리

위에 나온 단어를 넣어서 문장을 완성해 봐.

① ___ 를 쓴 필 이 가

② ___ 처 럼 무 섭 게

③ ___ 를 지 른 다 .

미션 2 받침 없는 세 글자 단어 쓰기

아직 멀었어! 이번에는 받침 없는 세 글자 단어를 써 보자고.

다음 받침 없는 세 글자 단어를 따라 써 봐.

1. 아이고 아이고 아이고
2. 스르르 스르르 스르르
3. 이대로 이대로 이대로

위에 나온 단어를 넣어서 문장을 완성해 봐.

1. ☐☐☐ 눈이
2. ☐☐☐
   감기네.
3. ☐☐☐ 잠들고 싶다.

미션 3 틀린 모음 바르게 고쳐 쓰기

바르미가 많이 힘든지 나한테 쪽지를 썼어. 그런데 저런, 모음을 틀리게 쓴 부분이 세 군데가 있지 뭐야. 네가 바르미가 쓴 쪽지에서 틀린 모음을 바르게 고쳐 볼래?

도데체 얼마나 써야 해?
예기 좀 해 줘.
이데로 영원히 동굴에 있는 건 아니지?

다음에서 틀린 모음을 찾아 바르게 써 봐.

① 도 데 체 ➡

② 예 기 ➡

③ 이 데 로 ➡

7일

지옥 훈련을 견뎌라!

 **미션** 받침 있는 단어 쓰기

미션 1 받침 있는 두 글자 단어 쓰기

지옥 훈련은 이제 시작이라고!
벌써 지치면 안 돼. 글씨 왕국을 구해야지!

다음 받침 있는 두 글자 단어를 따라 써 봐.

① 받침 받침 받침

② 단어 단어 단어

③ 훨씬 훨씬 훨씬

위에 나온 단어를 넣어서 문장을 완성해 봐.

① ☐☐ 있는 ② ☐☐ 가

③ ☐☐ 쓰기 어렵다.

미션 2 받침 있는 세 글자 단어 쓰기

오, 잘하고 있어!
이번에는 받침 있는 세 글자 단어를 쓸 거야.
알지? 크기를 균형 있게 쓴다!

다음 받침 있는 세 글자 단어를 따라 써 봐.

① 손가락 손가락 손가락

② 궁둥이 궁둥이 궁둥이

③ 가만히 가만히 가만히

위에 나온 단어를 넣어서 문장을 완성해 봐.

① ____ 도 아프고

② ____ 도 근질거려

③ ____ 못 있겠어.

미션 3 빠진 모음을 넣어 단어 완성하기

이번에도 바르미가 쪽지를 썼어. 스스로에게 용기를 주는 쪽지였지. 그런데 이번에는 모음을 빼먹은 글자가 있지 뭐야. 네가 알맞은 모음을 넣어 볼래?

정말 마지목이겠지?
그렇다면 열심히 해야지!
빨리 동굴을 탈출하고 싶어.

알맞은 모음을 넣어 단어를 완성해 봐.

1. 마 지 목 ➡
2. 열 심 히 ➡
3. 빨 리 ➡

8일

동굴을 무사히 탈출하라!

 **미션** **겹받침 단어 쓰기**

미션 1 겹받침 따라 쓰기

그럼, 먼저 여러 가지 겹받침을 따라 써 볼까? 렛츠 고!

 다음 겹받침과 겹받침이 있는 단어를 **따라 써** 봐.

ㄴㅈ	ㄴㅈ	ㄴㅈ	➡	아	╋	ㄴㅈ	앉	다
ㄴㅎ	ㄴㅎ	ㄴㅎ	➡	마	╋	ㄴㅎ	많	다
ㄹㅁ	ㄹㅁ	ㄹㅁ	➡	저	╋	ㄹㅁ	젊	다
ㄹㅂ	ㄹㅂ	ㄹㅂ	➡	너	╋	ㄹㅂ	넓	다
ㄹㅍ	ㄹㅍ	ㄹㅍ	➡	으	╋	ㄹㅍ	읊	다
ㄹㅎ	ㄹㅎ	ㄹㅎ	➡	다	╋	ㄹㅎ	닳	다
ㅂㅅ	ㅂㅅ	ㅂㅅ	➡	어	╋	ㅂㅅ	없	다

미션 2 겹받침 단어 쓰기 ①

이번에는 겹받침이 있는
여러 가지 단어를 따라 써 볼까?

 다음 겹받침이 있는 단어를 또박또박 따라 써 봐.

ㄴㅎ	많다	않다	끊다
ㄹㄱ	늙다	찰흙	읽다
ㄹㅁ	닮다	굶다	삶다
ㄹㅂ	밟다	넓다	짧다
ㄹㅎ	뚫다	잃다	싫다

낚시, 묶다, 볶다, 밖, 섞다 등에 사용된 'ㄲ'
갔다, 왔다, 있다, 먹었다, 하겠다 등에 사용된 'ㅆ'
이처럼 같은 자음이 겹쳐 사용되는 건 쌍받침이라고 해!

미션 3 겹받침 단어 쓰기 ❷

와, 진짜 이번 미션만 성공하면 동굴을 탈출할 수 있어. 힘을 내 보자! 이번에는 바르미가 낙서를 했는데, 겹받침이 있는 단어가 있지 뭐야. 네가 겹받침을 찾아 볼래?

다음 문장에서 겹받침이 있는 **단어를 찾아** 따라 써 봐.

필이는 허리가 얇다.

필이는 다리가 짧다.

필이는 얼굴이 붉다.

9일

흩어진 쇳조각을 완성하라

미션 문장 따라 쓰기

미션 1 짧은 문장 따라 쓰기

내가 쇳조각을 이어 붙여 문장을 완성했어.
무슨 내용인지 궁금하지?
바르게 따라 쓰면서 확인해 보자.

다음 문장을 글씨 크기를 일정하게 따라 써 봐.

동굴 밖으로 나왔어.

동굴 밖으로 나왔어.

대장간에 도착했어.

대장간에 도착했어.

부서진 쇳조각을 봐!

부서진 쇳조각을 봐!

미션 2 줄 공책에 써 보기

이번에는 문장을 줄 공책에도 써 보자.
글씨 크기를 일정하게 쓰기가 생각보다 쉽지 않을걸?

다음 문장을 글씨 크기를 일정하게 따라 써 봐.

| 쇳 | 조 | 각 | 을 | | 연 | 결 | 했 | 어 | . |

| 쇳 | 조 | 각 | 을 | | 연 | 결 | 했 | 어 | . |

줄 공책에 써 봐!

| 문 | 장 | 을 | | 바 | 르 | 게 | | 썼 | 어 | . |

| 문 | 장 | 을 | | 바 | 르 | 게 | | 썼 | 어 | . |

줄 공책에 써 봐!

| 뭔 | 가 | | 나 | 올 | 지 | 도 | | 몰 | 라 | . |

| 뭔 | 가 | | 나 | 올 | 지 | 도 | | 몰 | 라 | . |

줄 공책에 써 봐!

미션 3 긴 문장 따라 쓰기

쇳조각을 이어 붙이니 우리를 응원하는 문장이 나왔어!
이번에도 문장을 일정한 크기로 따라 써 보자!

 다음 문장을 따라 쓰고, 줄 공책에도 써 봐.

얘들아, 글씨 왕국을 반드시 지켜 줘!

무시무시한 대마왕을 꼭 물리쳐 줘!

10일

방패를 고쳐 화살 비를 막아라

 **미션** 문장 부호와 띄어쓰기

미션 1 문장 부호 익히기

문장 부호를 잘 모른다고? 걱정하지 마!
내가 알려 줄게.

 다음 문장을 **문장 부호를 사용해서** 바르게 따라 써 봐.

. 마침표 — 문장이 끝났을 때 사용해.

✏️ 바르미는 방패를 발견했어.

! 느낌표 — 강한 감정을 표현하거나 외칠 때 사용해.

✏️ 하하하! 화살 비를 막지 못하면 너희는 끝이다!

? 물음표 — 궁금한 점을 물어볼 때 사용해.

✏️ 띄어쓰기가 왜 이렇게 엉망이지?

" " 큰따옴표 — 다른 사람의 말을 인용할 때 사용해.

✏️ 바르미가 말했어. "이걸로 화살을 막아 보자!"

… … 줄임표 — 말을 멈추거나 생략할 때 사용해.

✏️ 최선을 다했지만, 화살 비를 막을 수 있을지…….

미션 2 바르게 띄어쓰기

이제 방패에 쓰인 문장에서 띄어쓰기가 잘못된 부분을 바르게 고쳐 써 보자. 어렵다고? 걱정하지 마. 너에겐 '띄어쓰기 마법 돋보기'가 있잖아.

 '띄어쓰기 마법 돋보기'를 사용해서 다음 문장을 바르게 **띄어쓰기** 해 봐.

❶ 하늘위에서 몬스터가 화살을 쏘았어.

하	늘		위	에	서		몬	스	터
가		화	살	을		쏘	았	어	.

❷ 방패를 고치 려면 어떻게 해야 하지?

방	패	를		고	치	려	면		어
떻	게		해	야		하	지	?	

❸ 힘을 합치면 몬스터를 막을수 있어.

힘	을		합	치	면		몬	스	터
를		막	을		수		있	어	.

미션 3 바른 문장 부호와 띄어쓰기

방패를 거의 다 고쳤어. 조금만 더 써 보자.
문장 부호와 띄어쓰기도 중요하지만,
글씨를 바르게 쓰지 않으면 소용없다는 걸 명심해!

 다음 문장의 **문장 부호와 띄어쓰기를** 고쳐서 바르게 써 봐.

❶ 띄어쓰기가 틀린부분을 찾자?

| 띄 | 어 | 쓰 | 기 | 가 | | 틀 | 린 | | 부 |
| 분 | 을 | | 찾 | 자 | . | | | | |

❷ 방패가 화살을 막아 줄거야?

| 방 | 패 | 가 | | 화 | 살 | 을 | | 막 | 아 |
| 줄 | | 거 | 야 | . | | | | | |

11일

알파벳 암호를 완성하라

미션 **알파벳 바르게 쓰기**

미션 1 대문자 바르게 쓰기

알파벳을 바르게 쓰기 어렵다고?
선에 맞춰서 쓰면 돼. 천천히 따라 써 보자.

다음 알파벳 대문자를 따라 써 봐.

A B C D E F G H I

J K L M N O P Q R

S T U V W X Y Z

미션 2 소문자 바르게 쓰기

오, 잘하고 있어! 이제 소문자를 써 보자.
소문자도 선에 맞춰서 천천히 따라 써 봐.

다음 알파벳 소문자를 따라 써 봐.

a b c d e f g h i

a b c d e f g h i

j k l m n o p q r

j k l m n o p q r

s t u v w x y z

s t u v w x y z

미션 3 암호 단어 완성하기

오, 이제 암호 단어를 완성할 준비가 다 되었구나!
당연히 알파벳도 바르게 써야 하는 걸 명심해!

다음 힌트를 보고 빈 곳에 들어갈 **알파벳을 써서** 암호 단어를 완성해 봐.

암호 단어	힌트	암호 완성하기
Cap	머리에 쓰는 물건이야!	C _ p
Rock	커다란 돌을 말해!	Ro _ k
Cave	깊고 넓은 큰 굴이야!	Ca _ e
Note	글씨 쓸 때 쓰는 아무것도 적히지 않은 책이야!	No _ e
Pencil	지우개로 지울 수 있는 필기도구야!	Pen _ il

11일 59

12일

미로 공원을 탈출하는 지도를 얻어라

 **미션** 숫자와 기호 바르게 쓰기

미션 1 숫자 바르게 쓰기

첫 번째는 숫자 바르게 쓰기야.
모양과 크기를 균형 있게 그리면 돼.

다음 숫자를 따라 써 봐.

0	0			1	1		
2	2			3	3		
4	4			5	5		
6	6			7	7		
8	8			9	9		
10	10			11	11		
12	12			13	13		
14	14			15	15		

미션 2 연산 기호 바르게 쓰기

두 번째는 연산 기호 바르게 쓰기야.
연산 기호와 기호 이름을 써 보자.

 다음 연산 기호와 기호 이름을 **따라 써** 봐.

=	=			등	호		

+	+			덧	셈	기	호

−	−			뺄	셈	기	호

×	×			곱	셈	기	호

÷	÷			나	눗	셈	기	호

+		−		×		÷	

미션 3 간단한 연산 문제 풀기

오, 잘했어! 이제 마지막 미션이야.
연산식을 따라 쓰면서 정답을 맞히면 미로를 빠져나갈 수 있어!

 다음 연산식을 따라 쓰고, 정답을 맞혀 봐.

정답
1+2=

정답
7-2=

정답
9+6=

정답
10+4=

정답
3×1=

정답
2×7=

정답
3×2=

정답
4×1=

미션 1 줄 맞춰 바르게 쓰기

어떤 내용들이 글씨 왕국 역사서에 실렸는지 궁금하지?
문장을 줄을 맞춰 쓰면서 살펴볼까?

다음 문장을 줄 맞춰서 바르게 써 봐.

글씨왕국은 바른 글씨로 평화를 지킨다.

글씨 왕국은 오랫동안 평화를 지켜 왔다.

바른 글씨는 글씨 왕국의 힘이다.

글씨를 바르게 쓰면 마음도 바르게 된다.

미션 2 긴 문장 따라 쓰기

글씨 왕국의 역사를 좀 더 알아볼까?
줄을 맞춰 바르게 쓰면서 글씨 왕국의 역사를 읽어 봐.

 다음 문장을 줄 맞춰서 따라 쓰고, 줄 공책에도 바르게 써 봐.

먼 옛날에 글씨 왕국은 평화롭고 아름다웠어요.

모두 바르고 예쁜 글씨를 쓰며 서로를 존중했어요.

어느 날, 엉터리 마법사가 글씨를 엉망으로 만들었어요.

사람들은 혼란에 빠졌고, 바른 글씨의 힘을 잊었어요.

그러던 중, 용감한 글씨 마스터들이 나타났어요.

그들은 외쳤어요. "바른 글씨는 마음의 거울이다!"

글씨 마스터들과 엉터리 마법사가 글씨 대결을 펼쳤어요.

글씨 마스터들이 이겼고, 왕국은 질서를 되찾았어요.

모두가 또박또박 글씨를 쓰게 되었어요.

대마왕에게 보낼 도전장을 완성하라

미션 한 문단 따라 쓰기

미션 1 글자 채우기

앗, 도전장에서 몇몇 글자가 빠져 있어.
빠진 글자를 모두 채워서 도전장을 완성해 볼까?

 다음에서 글자가 빠진 칸에 알맞은 글자를 **써** 봐.

	대	마		에	게		
	나	는		너	를	곧	만
나	게		될	바	르		다
너	는		글		왕	국	을
엉		으	로		만	들	고
	에		빠	뜨	렸	다	.
바			글	씨	로		국
구			것	이	다	.	다
라	!	곧		너	와		결
러				테	니	!	

미션 2 도전장 쓰기

좋아, 빠진 글자를 잘 찾았어!
이제 또박또박 바르게 쓰면서 도전장을 완성해 보자.

 다음 문장을 따라 쓰고, 줄 공책에도 써 봐.

대마왕에게

나는 너를 곧 만나게 될 바르미다.

너는 글씨 왕국을 엉망으로 만들고 혼란에 빠뜨렸다.

나의 바른 글씨로 왕국을 구할 것이다.

기다려라! 곧 너와 결투하러 갈 테니!

미션 3 나만의 도전장 쓰기

도전장을 써 보니 어때? 재미있다고?
그럼, 이번에는 너만의 창의력을 발휘해서
자유롭게 도전장을 써 봐.

15일

도서관에서 특별 아이템을 얻어라

미션: 문장 고쳐쓰기

미션 1 목차 따라 쓰기

'바른 글씨 쓰는 법' 책에는 어떤 내용이 나올까?
목차를 소리 내어 읽으면서, 따라 써 보자!

 다음 문장을 따라 쓰고, 줄 공책에도 **써** 봐.

글씨를 쓸 때는 허리를 곧게 편다.

연필은 엄지와 검지로 가볍게 잡는다.

글씨 크기를 비슷하게 맞춰 쓴다.

글씨를 한 줄로 가지런히 쓴다.

글씨를 쓸 때는 너무 빠르지 않게 쓴다.

미션 2 문장 고쳐쓰기

그런데 '바른 글씨 쓰는 법' 책에 틀린 문장이 있어! 가만있을 수 없지. 네가 틀린 문장 부호와 띄어쓰기를 바르게 고쳐 볼까?

 다음 문장에서 문장 부호와 띄어쓰기를 바르게 **고쳐 써** 봐!

한 손은 공책이 움직이지않게 잡아야 한다?

글씨를 또박또박 써야한다,

띄어쓰기를 바르게하면 문장이 깔끔하다…….

자음과 모음의 균형을 생각 하며 써야 한다?

글씨 를 겹쳐 쓰지 않아야 한다,

미션 3 빈칸 채워 문장 완성하기

어? 이번에는 문장에 단어가 없어!
네가 알맞은 단어를 넣어 문장을 완성해 볼래?

다음 빈칸에 들어갈 알맞은 단어를 **보기에서 골라** 문장을 완성해 봐!

보기 간격 줄 크기 검지 허리 모음

1. 글씨를 쓸 때는 [　　　]을/를 곧게 편다.

2. 연필은 엄지와 [　　　](으)로 가볍게 잡는다.

3. 글씨 [　　　]을/를 비슷하게 맞춰 쓴다.

4. 글씨를 한 [　　　](으)로 가지런히 쓴다.

5. [　　　]와/과 자음은 꼭 순서를 지켜서 쓴다.

6. 알맞은 [　　　](으)로 띄어 써야 한다.

마법 아이템
마법 비둘기 꾸꾸
꾸꾸는 원하는 곳으로 편지를 전달해 준다.

마법 비둘기 꾸꾸다!

16일

몬스터 집사가 낸 미션을 통과하라

미션 일기 따라 쓰기

 일기 따라 쓰기

바르미는 지금까지 있었던 일을 또박또박 일기로 썼어.
바르미가 쓴 일기를 소리 내어 읽고, 따라 써 봐!

월   일   요일

필이와 함께 글씨 왕국으로 출발했다.

오는 길에 여러 가지 모험을 했다.

필이에게 단어 쓰기 특별 훈련을 받았고,

때때로 몬스터들에게 공격을 받았다.

필이와 함께 여러 어려움을 이겨 내어

마침내 글씨 왕국에 도착했다.

지금까지 했던 모험을 생각해 보니

스스로가 참 대단하다는 생각이 든다.

미션 2 나만의 일기 쓰기

바르미처럼 너도 오늘 있었던 일을 생각하며 일기를 써 보자.
다음 질문을 떠올리며 네 줄 일기를 완성해 봐!

Q 오늘 무엇을 했나요?
　힌트 오늘 ~을/를 했어요. 오늘 ~에 갔어요.

Q 누구를 만났나요?
　힌트 ~을/를 만났어요.

Q 어떤 일이 재미있었나요?
　힌트 ~하는 것이 가장 재미있었어요. ~을/를 해서 기뻤어요.

Q 무엇을 느꼈나요?
　힌트 ~해서 조금 무서웠어요. ~해서 뿌듯했어요.

미션 3 나의 일기 확인하기

그럼, 이제 네가 쓴 일기를 살펴보며, 다음 질문에 대답해 봐!

바른 글씨 쓰기를 도와주는 질문 네 가지!	스스로 평가해서 ○표 해 봐!		
	노력 해야지!	이 정도면 만족해!	정말 잘했어!
글씨를 또박또박 썼나요?			
띄어쓰기를 바르게 했나요?			
문장 부호를 정확히 사용했나요?			
글씨 크기가 일정한가요?			

● 네가 쓴 일기 글씨에 **점수**를 매겨 봐.

오! 글씨를 바르게 쓰려고 노력했군요!

　　　　점

17일

빛나는 연필로 도움을 요청하라

미션 1 편지의 기본 구조 익히기

막상 편지를 쓰려니까 어떻게 써야 할지 모르겠지?
걱정하지 마. 내가 편지에 들어가야 하는 내용을 알려 줄게.

편지를 받는 사람	편지를 받는 사람에게 인사를 하는 부분이야. **포인트** '~에게' 또는 '~야'로 시작하면 편지 느낌이 나!
편지를 받는 사람에게 하고 싶은 말	편지를 쓰게 된 이유를 먼저 떠올려 봐! 지금 느끼는 감정이나 전하고 싶은 이야기를 쓰면 돼! **포인트** '누가', '어디서', '무엇을', '어떻게'를 생각하며 쓰면 좋아!
끝인사	편지를 마치며 끝으로 하고 싶은 말을 써! **포인트** 앞에서 쓴 내용을 읽어 보며 빠뜨린 내용을 떠올려 봐!
편지를 보내는 사람	편지를 쓴 네 이름을 쓰면 돼! **포인트** '너희의 친구', '너의 친구'와 같은 표현을 사용하면 좋아!

미션 2 편지 따라 쓰기 ①

이제 바르미가 쓴 편지를 따라 써 보자.
편지는 다른 사람이 보는 글이니까 더욱 바른 글씨로 써야겠지?
글씨가 엉망이라면 편지를 받는 사람이 읽을 수 없을 테니까!

사랑하는 친구들에게

나는 지금 필이와 함께 글씨 왕국에 있어.
그런데 큰 구덩이에 빠져 버렸어. 아무래도
대마왕이 함정에 빠뜨린 것 같아.
나는 마법 연필로 이 편지를 쓰고 있어. 너희
도움이 필요해! 나를 도와줄 수 있겠니?
혹시 이곳에서 빠져나갈 방법을 안다면 알려 줘.
나에게 큰 도움이 될 거야. 답장 기다릴게!

너희 친구 바르미가

미션 3 편지 따라 쓰기 ②

따라 쓰니까 제법 잘 쓰는데? 그럼, 따라 쓰지 않고 줄 공책에도 잘 쓸 수 있겠네? 어디 실력 한번 보여 줄래? 바르미의 편지를 줄 공책에 바르게 써 보자.

18일

대마왕이 만든 함정에서 탈출하라

 **미션** 글씨 명언 쓰기

와! 친구들에게서 편지가 왔어!

와아!

위험하다는 소식은 들었어.
우리가 직접 가서 도와주고 싶은데
거리가 너무 멀어 다른 방법을 찾아봤어.
글씨와 관련된 명언을 쓰면
함정에서 빠져나갈 수 있는
줄이 내려온다고 해.
근데 네가 글씨와 관련된 명언을
많이 알고 있어야 할 텐데….

명언이 뭔가용…
바르미는 몰라용…

나만 믿어!

명언 받아 적을 준비 완료!

명언 말할 준비 완료!

미션 1 글씨 명언 따라 쓰기

지금부터 글씨와 관련된 명언을 말해 줄게.
바른 글씨로 따라 써 보자.

글씨는 마음을 담는 거울이다.

글씨는 나의 얼굴과 같다.

또박또박 글씨를 쓰면 생각도 차근차근 정리된다.

천천히 쓰면 더 바르고 정확한 글씨를 쓸 수 있다.

바른 글씨는 바른 생각을 만든다.

글씨를 잘 쓰는 것은 상대방에 대한 배려다.

미션 2 빈칸 채워 명언 만들기

이번에는 빈칸에 알맞은 단어를 넣어 글씨 명언을 완성해 보자.

보기 반듯하게 글씨 천천히 인상

1. 바른 [　　　　]은/는 생각을 담는 상자다.
2. 글씨를 [　　　　] 쓰면 읽기 쉬운 글이 된다.
3. 멋진 글씨는 읽는 사람에게 좋은 [　　　　]을/를 준다.
4. 한 글자씩 [　　　　] 써야 실수가 없다.

보기 정확하게 마음 좋아진다 멋져

1. 글씨는 눈으로 볼 수 있는 나의 [　　　　](이)다.
2. 글씨를 [　　　　] 쓰면 더 똑똑해 보인다.
3. 글씨가 예쁘면 기분이 [　　　　].
4. 바른 글씨는 나를 더 [　　　　] 보이게 한다.

● 가장 마음에 드는 문장을 **바른 글씨**로 한 번 더 써 봐!

미션 3 · 나만의 글씨 명언 만들기

글씨 명언을 쓰다 보니 재미있지?
이번에는 나만의 글씨 명언을 만들어 보자.
빈 곳에 알맞은 말을 넣어 글씨 명언을 완성해 봐.

글씨를 바르게 쓰면 마음이 편안해진다.

➡ 글씨를 바르게 쓰면 _____

나의 반듯한 글씨가 난 정말 좋아!

➡ 나의 _____ 글씨가 난 정말 좋아!

글씨는 나의 친구처럼 소중해!

➡ 글씨는 _____ 처럼 소중해!

19일

의지를 밝히고 대마왕을 마주하라

 **미션** 의지 문장 따라 쓰기

미션 1 '의지' 문장 따라 쓰기

'의지'가 뭐냐고? 그럼 먼저 의지가 무슨 뜻인지
단어를 설명하는 글을 따라 쓰면서 배워 보자.

 다음 문장을 따라 쓰고, 소리 내어 읽어 봐.

> 의지는 무언가를 꼭 해내겠다는 마음이야.
> 결심이나 다짐과 같은 말로 무엇을 어떻게
> 하기로 마음을 굳게 정하는 거야.

 다음 '의지 문장'을 따라 써 봐!

나는 끝까지 포기하지 않을 거야.

나는 글씨를 또박또박 쓸 수 있어.

나는 바른 자세로 글을 쓸 거야.

나는 매일 글씨를 연습할 거야.

나는 노력하면 무엇이든 할 수 있어.

미션 2 '의지' 문장 완성하기

앗, 몬스터들의 방해로 문장에 엉뚱한 단어가 들어갔어!
하지만 바르미는 몬스터들의 방해를 물리치고, 틀린 단어를 바르게
고쳐서 끝까지 썼어. 바르미가 쓴 의지 문장을 따라 써 봐.

삐뚤빼뚤해도 괜찮아. 나는 ~~그만~~ 연습할 거야.

삐뚤빼뚤해도 괜찮아. 나는 계속 연습할 거야.

글씨는 빠르게 쓰는 것보다 느~~리~~게 쓰는 게 중요해.

글씨는 빠르게 쓰는 것보다 바르게 쓰는 게 중요해.

미션 3 '의지' 글 따라 쓰기

바르미가 의지 글을 완성했어! 바르미의 의지 글을 따라 쓰면서 바른 글씨를 쓰고 싶은 마음을 다져 보자.

🎩 나는 글씨를 바르게 쓰는 사람이 되고 싶어요.

나는 글씨를 바르게 쓰는 사람이 되고 싶어요.

🗡 처음에는 삐뚤빼뚤해도 괜찮아요.

처음에는 삐뚤빼뚤해도 괜찮아요.

⌛ 포기하지 않고 계속 연습할 거예요.

포기하지 않고 계속 연습할 거예요.

❤ 나는 또박또박 글씨를 쓸 거예요.

나는 또박또박 글씨를 쓸 거예요.

🧰 바른 글씨로 글씨 왕국을 구할 거예요.

바른 글씨로 글씨 왕국을 구할 거예요.

20일

최종 결투! 대마왕의 질문에 답하라

 **나의 다짐 완성하기**

미션 1 바른 글씨의 강력한 힘

바른 글씨는 왜 중요할까?
다음을 읽고 네 생각에 ○표 해 봐!

바른 글씨로 쓴 글을 보았을 때

읽기 쉽다.	읽기 어렵다.
보기 좋다.	보기 어렵다.
내용이 잘 전달된다.	내용이 잘 전달되지 않는다.
정돈된 느낌이다.	어질러진 느낌이다.
읽는 사람이 기분 좋다.	읽는 사람이 기분 나쁘다.

바른 글씨로 글을 썼을 때

자신감이 생긴다.	자신감이 떨어진다.
쓰면서 즐겁다.	쓰면서 힘들다.
생각이 잘 정리된다.	생각이 복잡해진다.

미션 2  바르미 VS 대마왕 대화

대마왕의 질문에 바르미가 바르게 글을 썼어.
바르미의 글을 따라 써 보자.

 왜 글씨를 바르게 써야 하지?

쉽게 읽을 수 있어요.

배운 내용을 더 오래 기억할 수 있어요.

내 마음을 더 잘 표현할 수 있어요.

글씨를 잘 쓰면 자신감이 생겨요.

생각을 정리하기 쉬워요.

바른 자세로 글씨를 따라 쓰며
글씨 쓰기 실력을 더욱 키워 봐!

부록

단어 따라 쓰기

레벨 1

사 자 | 사 자

마 트 | 마 트

바 람 | 바 람

입 구 | 입 구

물 건 | 물 건

상 자 | 상 자

목 소 리 | 목 소 리

머 리 털 | 머 리 털

사자마트는 아파트 입구에 있습니다.

✎ 사자마트는 아파트 입구에 있습니다.

목소리는 숨이 차서 거칠었습니다.

✎ 목소리는 숨이 차서 거칠었습니다.

| 사 | 자 | | 씨 | 도 | | 놀 | 라 | | 밖 |
| 으 | 로 | | 나 | 갔 | 습 | 니 | 다 | . | |

✏️ 사자 씨도 놀라 밖으로 나갔습니다.

| 때 | 마 | 침 | | 바 | 람 | 이 | | 불 | 어 |
| 왔 | 습 | 니 | 다 | . | | | | | |

✏️ 때마침 바람이 불어왔습니다.

《사자 마트》 김유 글/소복이 그림
ⓒ천개의바람

사자마트는 아파트 입구에 있습니다. 102동 아주머니가 문을 슬쩍 열었습니다. 물건을 정리하던 사자 씨가 상자들 틈에서 얼굴을 내밀었습니다. 머리는 마구 헝클어져 있고 목소리는 숨이 차서 거칠었습니다.
"흠, 어서 오세요."
"에구머니나!"
아주머니는 문을 닫고 가 버렸습니다.
사자 씨도 놀라 밖으로 나갔습니다. 때마침 바람이 불어왔습니다. 사자 씨의 모습은 머리털을 휘날리는 커다란 사자처럼 보였습니다. 아주머니는 뒤를 힐끔거리며 달아났습니다.

사자마트는 아파트 입구에 있습니다. 102동 아주머니가 문을 슬쩍 열었습니다. 물건을 정리하던 사자 씨가 상자들 틈에서 얼굴을 내밀었습니다. 머리는 마구 헝클어져 있고 목소리는 숨이 차서 거칠었습니다.
"흠, 어서 오세요."
"에구머니나!"

단어 따라 쓰기

레벨 2

시합	시합		
꼴찌	꼴찌		
짜증	짜증		
얼굴	얼굴		
철썩	철썩		
창피	창피		

두꺼비 두꺼비

선생님 선생님

 문장 따라 쓰기

| 꼴 | 찌 | 는 | | 우 | 리 | | 차 | 지 | 였 |
| 지 | . | | | | | | | . | |

✏️ 꼴찌는 우리 차지였지.

| 내 | | 입 | 에 | 서 | | 두 | 꺼 | 비 | 가 |
| 웩 | ! | | | | | | | | |

✏️ 내 입에서 두꺼비가 웩!

꺅 소리를 지르며 울었어.

✏️ 꺅 소리를 지르며 울었어.

선생님한테 처음으로 혼이 났어.

✏️ 선생님한테 처음으로 혼이 났어.

문단 따라 쓰기

《진짜 일 학년 욕 두꺼비를 잡아라!》 신순재 글/김이랑 그림
ⓒ천개의바람

　김양지가 줄에 걸려 뒤로 나동그라졌어. 그 바람에 나도 앞으로 고꾸라져 버렸지. 우리가 줄에 엉켜 있는 동안 시합이 끝났어. 꼴찌는 우리 차지였지. 창피하고 짜증이 나서 얼굴에 열이 확 났어. 바로 그때였어. 내 입에서 두꺼비가 웩!
　두꺼비는 김양지 이마에 철썩 달라붙었어. 김양지가 꺅 소리를 지르며 울었어. 두꺼비 때문에 나는 선생님한테 처음으로 혼이 났어. 미안하다고 해도 김양지는 집에 갈 때까지 나랑 말도 안 했어. 내 기분도 두꺼비처럼 축축해졌어.

　김양지가 줄에 걸려 뒤로 나동그라졌어. 그 바람에 나도 앞으로 고꾸라져 버렸지. 우리가 줄에 엉켜 있는 동안 시합이 끝났어. 꼴찌는 우리 차지였지. 창피하고 짜증이 나서 얼굴에 열이 확 났어. 바로 그때였어. 내 입에서 두꺼비가 웩!

눈앞 눈앞

참깨 참깨

도넛 도넛

양갱 양갱

절반 절반

테이블 테이블

복숭아 복숭아

할머니 할머니

| 테 | 이 | 블 | | 위 | 에 | 는 | | 도 | 넛 |
| 들 | 이 | | 있 | 었 | 지 | . | | | |

✏️ 테이블 위에는 도넛들이 있었지.

| 보 | 기 | 만 | | 해 | 도 | | 기 | 분 | 이 |
| 좋 | 아 | 졌 | 지 | . | | | | | |

✏️ 보기만 해도 기분이 좋아졌지.

테이블 위에는 접시에 담긴 다양한 도넛들이 돌아가고 있었지. 엄마 아빠랑 갔던 회전 초밥집이 떠올랐어. 두리는 눈앞으로 가까워졌다 멀어지는 도넛들을 입을 헤 벌리고 바라보았어. 보기만 해도 기분이 좋아졌지. 복숭아 도넛, 자두 도넛, 딸기 도넛, 과일 잼이 들어간 도넛들이 줄줄이 멀어지자 그 뒤로 콩 도넛, 팥 도넛, 참깨 도넛 등이 지나갔어. 그 다음에는 아무리 배고파도 절대로 입에 대지 않을 도넛들도 지나갔지. 멸치 도넛, 참치 도넛, 고등어 도넛, 생쥐 도넛. 생쥐 도넛은 정말 생쥐처럼 보였어.

테이블 위에는 접시에 담긴 다양한 도넛들이 돌아가고 있었지. 엄마 아빠랑 갔던 회전 초밥집이 떠올랐어. 두리는 눈앞으로 가까워졌다 멀어지는 도넛들을 입을 헤 벌리고 바라보았어. 보기만 해도 기분이 좋아졌지.

《냥냥 도넛 배달부》이혜령 글/ 홍그림 그림
ⓒ천개의바람

두리는 가게 안을 살펴보았어. 엄마랑 같이 간 가게에서 자동으로 계산하는 기계를 본 적이 있거든. 하지만 가게 안에는 어떤 기계도 보이지 않았어. 두리는 배가 많이 고팠어. 무엇보다 달달한 도넛이 너무 먹고 싶었어. 그때 두리 눈에 밤 도넛이 들어왔어. 할머니와 두리가 제일 좋아하는 게 밤 양갱이거든. 밤 양갱 앞에서는 두리도 할머니도 서로 양보하지 않았어. 절반으로 자를 때도 자로 잰 듯 공평하게 나눠 먹었지.

두리는 가게 안을 살펴보았어. 엄마랑 같이 간 가게에서 자동으로 계산하는 기계를 본 적이 있거든. 하지만 가게 안에는 어떤 기계도 보이지 않았어. 두리는 배가 많이 고팠어. 무엇보다 달달한 도넛이 너무 먹고 싶었어.

 단어 따라 쓰기

레벨 4

동전 동전

지갑 지갑

선택 선택

금빛 금빛

결정 결정

자판기 자판기

가운데 가운데

준비물 준비물

문장 따라 쓰기

| 동 | 전 | 을 | | 꺼 | 내 | | 자 | 판 | 기 |
| 에 | | 넣 | 었 | 어 | 요 | . | | | |

✏️ 동전을 꺼내 자판기에 넣었어요.

| 뭔 | 가 | | 신 | 비 | 롭 | 고 | | 색 | 이 |
| 고 | 왔 | 어 | 요 | . | | | | | |

✏️ 뭔가 신비롭고 색이 고왔어요.

《똑부러지게 결정 반지》 송승주 글/ 간장 그림
ⓒ천개의바람

　보라는 동전 지갑을 열어 보았어요. 동전 지갑 안에는 오백 원짜리 동전이 딱 한 개 들어 있었어요. 자판기 속 반지가 너무 예뻐서 보라는 조금 망설이다가 동전을 꺼내 자판기에 넣었어요. 동전이 딸깍 들어가자, 자판기 선택 단추에 불이 들어왔어요. 그런데 그 많은 반지 가운데 보라가 선택할 수 있는 반지는 딱 하나뿐이었지요. 보라가 선택 단추에 불이 켜진 반지를 유심히 보았어요. 반지는 금빛으로 반짝이다가 어느새 무지갯빛으로 변했어요. 아무런 장식 없는 가느다란 실반지였지만 뭔가 신비롭고 색이 고왔어요.

　보라는 동전 지갑을 열어 보았어요. 동전 지갑 안에는 오백 원짜리 동전이 딱 한 개 들어 있었어요. 자판기 속 반지가 너무 예뻐서 보라는 조금 망설이다가 동전을 꺼내 자판기에 넣었어요. 동전이 딸깍 들어가자, 자판기 선택 단추에 불이 들어왔어요. 그런데 그 많은 반지 가운데 보라가 선택할 수 있는 반지는 딱 하나뿐이었지요. 보라가 선택 단추에 불이 켜진 반지를 유심히 보았어요. 반지는 금빛으로 반짝이다가 어느새 무지갯빛으로 변했어요. 아무런 장식 없는 가느다란 실반지였지만 뭔가 신비롭고 색이 고왔어요.

단어 따라 쓰기

레벨 5

| 급 | 식 | 급 | 식 | | | | |

| 분 | 통 | 분 | 통 | | | | |

| 몬 | 스 | 터 | 몬 | 스 | 터 | | | |

| 화 | 장 | 실 | 화 | 장 | 실 | | | |

| 양 | 치 | 질 | 양 | 치 | 질 | | | |

| 호 | 락 | 호 | 락 | 호 | 락 | 호 | 락 |

| 불 | 쑥 | 불 | 쑥 | 불 | 쑥 | 불 | 쑥 |

| 콩 | 나 | 물 | 국 | 콩 | 나 | 물 | 국 |

망했다 몬스터는 호락호락하지 않았어.

🖉 망했다 몬스터는 호락호락하지 않았어.

분통을 터뜨리며 스스로 사라졌지.

🖉 분통을 터뜨리며 스스로 사라졌지.

　다음 날, 한빈이는 아침에 또 망했다 몬스터를 불러냈어. 화장실에서 치약을 짜다가 말이야. 망했다 몬스터는 한빈이가 치약을 못 짜게 방해했어. 그래도 한빈이는 엄마를 찾지 않았지. 스스로 양치질을 마치고, 학교에 갔어. 급식 시간에 콩나물국이 나왔는데, 아무렇지 않은 척 콩나물국을 먹었어. 망했다 몬스터의 방해를 뚫고 두 숟가락이나! 한번 먹어 보니, 꽤 먹을 만하게 느껴졌어. 어른들이 콩나물국을 먹고 시원하다고 하는 말이 무슨 뜻인지는 잘 모르겠지만.

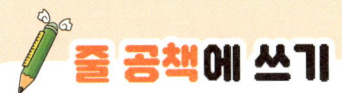

《망했다 몬스터를 잡아라!》 김민정 글/ 윤소진 그림
ⓒ천개의바람

　망했다 몬스터는 호락호락하지 않았어. 축구를 할 때, 도서관에서 책을 고를 때도 불쑥불쑥 나타나 한빈이를 망하게 만들었어. 하지만 이제 한빈이는 끄떡없었지. 망했다 몬스터에게 맞서는 방법을 깨달았다고나 할까. 망했다 몬스터가 자꾸 망하게 만들어도, 그래서 좀 속상하고 실망해도, 한빈이는 다시 시도했어. 그때마다 망했다 몬스터는 분통을 터뜨리며 스스로 사라졌지.

정답

13쪽

다음에서 바른 자세에는 O표, 바르지 않은 자세에는 X표를 해 봐.

33쪽

다음에 들어갈 한 글자 단어를 맞혀 봐.

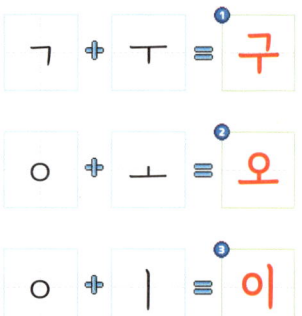

ㄱ + ㅜ = 구
ㅇ + ㅗ = 오
ㅇ + ㅣ = 이

위에 나온 단어를 숫자로 쓴 다음, 연산식을 풀어서 암호를 맞혀 봐.

9 - 5 - 2 = 2

35쪽

다음 빈칸에 들어갈 자음이나 모음을 보기에서 찾아 단어를 완성해 봐.

ㅇ + ㅣ + ㅈ + ㅔ → 이제
ㅎ + ㅜ + ㅎ + ㅚ → 후회

39쪽

다음에서 틀린 모음을 찾아 바르게 써 봐.

도데체 → 도대체 도대체
예기 → 얘기 얘기 얘기
이데로 → 이대로 이대로

43쪽

알맞은 모음을 넣어 단어를 완성해 봐.

마지믁 → 마지막 마지막
열슴히 → 열심히 열심히
쁠리 → 빨리 빨리 빨리

47쪽

다음 문장에서 겹받침이 있는 단어를 찾아 따라 써 봐.

얇다 → 얇다 얇다 / 얇다 얇다
필이는 허리가 얇다.

짧다 → 짧다 짧다 / 짧다 짧다
필이는 다리가 짧다.

붉다 → 붉다 붉다 / 붉다 붉다
필이는 얼굴이 붉다.

118 우리 아들 바른 글씨

63쪽

다음 연산식을 따라 쓰고, 정답을 맞혀 봐.

1+2=	**3**	7-2=	**5**
9+6=	**15**	10+4=	**14**
3×1=	**3**	2×7=	**14**
3×2=	**6**	4×1=	**4**

69쪽

다음에서 글자가 빠진 칸에 알맞은 글자를 써 봐.

대	마	**왕**	에	게		
	나	는		너	를	곧	만
나	게	될		바	르	**미**	다	.
너	는		글	**씨**		왕	국	을
엉	**망**	으	로		만	들	고		혼
란	에		빠	뜨	렸	다	.		나	의
바	**른**		글	씨	로		**왕**	국	을
구	**할**		것	이	다	.		**기**	다	려
라	!		곧		너	와		결	투	하
러		**갈**		테	니	!

74쪽

다음 문장에서 문장 부호와 띄어쓰기를 바르게 고쳐 써 봐!

한 손은 공책이 움직이지않게 잡아야 한다?

➡ **한 손은 공책이 움직이지 않게 잡아야 한다.**

글씨를 또박또박 써야한다,

➡ **글씨를 또박또박 써야 한다.**

띄어쓰기를 바르게하면 문장이 깔끔하다…….

➡ **띄어쓰기를 바르게 하면 문장이 깔끔하다.**

자음과 모음의 균형을 생각 하며 써야 한다?

➡ **자음과 모음의 균형을 생각하며 써야 한다.**

글씨를 겹쳐 쓰지 않아야 한다,

➡ **글씨를 겹쳐 쓰지 않아야 한다.**

75쪽

다음 빈칸에 들어갈 알맞은 단어를 보기에서 골라 문장을 완성해 봐!

〈보기〉 간격 줄 크기 검지 허리 모음

1. 글씨를 쓸 때는 **허리** 을/를 곧게 편다.
2. 연필은 엄지와 **검지** (으)로 가볍게 잡는다.
3. 글씨 **크기** 을/를 비슷하게 맞춰 쓴다.
4. 글씨를 한 **줄** (으)로 가지런히 쓴다.
5. **모음** 와/과 자음은 꼭 순서를 지켜서 쓴다.
6. 알맞은 **간격** (으)로 띄어 써야 한다.

86쪽

〈보기〉 반듯하게 글씨 천천히 인상

1. 바른 **글씨** 은/는 생각을 담는 상자다.
2. 글씨를 **반듯하게** 쓰면 읽기 쉬운 글이 된다.
3. 멋진 글씨는 읽는 사람에게 좋은 **인상** 을/를 준다.
4. 한 글자씩 **천천히** 써야 실수가 없다.

〈보기〉 정확하게 마음 좋아진다 멋져

1. 글씨는 눈으로 볼 수 있는 나의 **마음** (이)다.
2. 글씨를 **정확하게** 쓰면 더 똑똑해 보인다.
3. 글씨가 예쁘면 기분이 **좋아진다**.
4. 바른 글씨는 나를 더 **멋져** 보이게 한다.